LE CHEMIN DE FER

DU

FAUCIGNY

LETTRE A M. LE MAIRE de...

PAR

G. CHAULIN-MERCIER

Substitut du Procureur de la République à Troyes

Propriétaire à Choanaz-Saint-Isoire (Haute-Savoie)

PRIX 1 FRANC

PARIS

IMPRIMERIE NOUVELLE (ASSOCIATION OUVRIÈRE)

14, RUE DES JEÛNEURS, 14

1874

LE CHEMIN DE FER

DU FAUCIGNY

LE CHEMIN DE FER

DU

FAUCIGNY

LETTRE A M. LE MAIRE de. . . .

PAR

G. CHAULIN-MERCIER

Substitut du Procureur de la République à Troyes
Propriétaire à Chounaz-Saint-Jeoire (Haute-Savoie).

PARIS

IMPRIMERIE NOUVELLE (ASSOCIATION OUVRIÈRE)
14, RUE DES JEUNEURS, 14

1874

LE CHEMIN DE FER

DU

FAUCIGNY

Mon cher compatriote et ami,

Lorsque je parcourus pour la première fois en touriste le pays si pittoresque et si riche du Faucigny, j'étais encore bien jeune. Je restai muet d'admiration en face de cette nature mouvementée, de cette végétation luxuriante, de ce spectacle grandiose, et je me disais tout bas : Que l'on doit être heureux ici ! J'étais fier pour la France qui s'était attaché par un traité glorieux une province depuis longtemps française par ses mœurs, sa langue et ses aspirations.

Quelques années plus tard, allié à l'une des familles les plus honorables de ce noble pays, Saint-Jeoire devenait ma patrie d'adoption.

L'homme, mon cher ami, n'est pas libre toujours de choisir sa patrie ; il l'accepte telle que

Dieu la lui donne, et il lui doit dès ce moment tout son cœur. Malheureux est celui qui n'aime pas son village! malheureux celui qui n'a pas pour son pays cette passion ardente et féconde qui s'appelle le patriotisme !

Mais plus grands encore et plus sacrés sont les devoirs de celui qui, comme moi, a choisi son pays, son village, son toit. Quand une fois il a dit: « C'est là que je veux vivre, aimer et mourir, » il doit à sa patrie d'adoption plus que son cœur : son temps, son dévouement ; il doit mettre à son service toute la puissance de son intelligence et de son énergie, accepter la solidarité du bien qui s'y fait, s'attacher à ses destinées, se dépenser, pour ouvrir largement la voie du progrès et faire siens les intérêts de tous.

Vous ne serez donc pas surpris, si j'ai prêté une oreille attentive aux plaintes et aux désirs de mes concitoyens du Faucigny ; vous ne vous étonnerez pas que, mettant à profit les heures que me laissent libres mes fonctions et mes travaux de magistrat, je me sois sérieusement occupé d'une question que j'ai eu l'occasion de traiter plusieurs fois avec vous et en présence de nos amis communs, question vitale pour notre pays, l'établissement d'une ligne de chemin de fer dans cette partie de la Haute-Savoie qui s'appelle le *Faucigny*.

Cette question, tout le monde s'en préoccupe.

Que de fois n'avez-vous pas entendu, comme moi, nos cultivateurs si âpres au travail, nos commerçants si actifs, vous dire :

« Pourquoi n'avons-nous pas une ligne de « chemin de fer? L'activité commerciale se déve- « lopperait merveilleusement, l'industrie pren- « drait son essor, notre sol s'améliorerait, les « touristes viendraient plus nombreux, le che- « min de fer du Faucigny serait une source de « prospérité pour tout le monde! Pourquoi la « Haute-Savoie serait-elle moins privilégiée que « les autres départements de la France, sillon- « nés déjà par de nombreuses voies ferrées? »

D'autres, avant moi, ont entendu ces vœux : se faisant l'écho de ces désirs et de ces regrets, le Conseil général a examiné sérieusement les propositions qui lui ont été soumises par diverses Compagnies, jalouses d'entreprendre un travail qu'elles jugent nécessaire et rémunérateur.

Faut-il le dire cependant? L'utilité d'un chemin de fer dans le Faucigny n'est pas également ad- mise par tous, et, si l'on ne m'a point trompé, cette idée rencontre encore aujourd'hui des dé- tracteurs.

N'accusons personne de manquer de patrio- tisme; sans doute ceux qui s'opposent ainsi au vœu général de la population n'ont pas assez réfléchi sur cette question; ils s'exagèrent les difficultés de l'établissement de ce réseau, ils grossissent le chiffre des dépenses, oublient les leçons du passé, et peut-être, laissez-moi le craindre, l'esprit de clocher les induit-il trop souvent en erreur.

Je vous ai expliqué quelle était ma pensée à ce sujet : j'ai écouté vos observations ; j'ai ensuite pris en main les mémoires, les rapports, les livres des ingénieurs, et j'ai étudié les différentes solutions que cette question peut recevoir.

Vous avez bien voulu admettre les avantages incontestables et de toute nature qui résulteront de l'établissement d'un chemin de fer dans le Faucigny, trouver mes chiffres précis, mes calculs certains, prévoir comme moi son succès assuré et croire que l'heure était venue de hâter, par tous les moyens en notre pouvoir, cette entreprise féconde et puissante.

Vous m'avez conjuré de prendre la plume pour livrer à mes compatriotes le résultat de mes études sur ce chemin de fer.

La question a une telle importance à mes yeux que je me croirais coupable si je n'obéissais pas à vos sollicitations. Vous comprendrez néanmoins, mon cher ami, que me défiant de moi-même, n'oubliant pas que je suis magistrat et non ingénieur, j'ai dû m'entourer des lumières de ceux pour lesquels l'algèbre et la trigonométrie n'ont pas de secrets ; qu'ils me permettent de les remercier ici de leur bienveillant concours.

Je tâcherai de simplifier la question, de rendre intelligibles pour tous les calculs scientifiques; d'expliquer quel est, à mon avis, le tracé le plus rationnel de cette ligne, de dire les stations qu'il conviendrait d'établir et les moyens qui me semblent les plus propres à favoriser l'établissement définitif, dans un bref délai, de la ligne du chemin de fer du Faucigny.

J'ose espérer que personne ne me fera le reproche de croire ces pages dictées par un intérêt personnel; tout doit s'effacer devant l'intérêt général, et je n'écrirais pas, si je croyais ne servir qu'un canton, qu'une commune, au détriment d'un arrondissement tout entier. Je serais heureux que cette modeste brochure en suscitât une autre : la discussion amène la lumière! Je tendrais avec affection la main à celui qui me démontrerait que je me trompe ; mes sympathies sont acquises à tous ceux qui serviront utilement les intérêts de mes concitoyens.

A la séance du 10 avril dernier, M. Dupuis, maire de Cluses et membre du Conseil général, présentait, au nom de la Commission nommée pour l'examen du chemin de fer du Faucigny, un rapport dont je ne saurais assez louer la clarté, la précision et le patriotisme. Il faudrait le citer tout entier! Qu'il me permette de lui emprunter les lignes qu'il consacre à rappeler les précédents historiques de cette intéressante question :

« Avant l'annexion de la Savoie à la France,
« le gouvernement sarde avait reconnu l'extrême
« importance de ce chemin de fer, au point de
« vue de l'intérêt des populations du Faucigny,
« et un avant-projet, dû à M. l'ingénieur Veneti,
« avait été soumis, en 1855, au conseil d'Etat de
« Genève. Ce projet en a fait naître plusieurs
« autres, dans lesquels on cherchait à rattacher
« la ligne du Faucigny à celle d'Annecy, et, le
« 3 juin 1857, le Parlement sarde accordait la
« concession d'un chemin de fer d'Annecy à Ge-
« nève en prolongement du Victor-Emmanuel...
« A la suite des événements de 1859 et 1860, ce
« projet est tombé dans l'oubli. »

Je dirai plus loin pourquoi, reprise depuis trois
ans, cette question n'a pas encore reçu une solu-
tion définitive.

Pourquoi ce qui était possible en 1857 ne le
serait-il pas aujourd'hui? Le projet adopté par
le gouvernement sarde offrait certainement de
très grandes difficultés au point de vue pécu-
niaire d'abord; il fallait, en effet, demander à
l'Etat et aux particuliers des sacrifices considérables. Les Compagnies qui sollicitent aujour-
d'hui la concession offrent de prendre à leur
charge tous les frais d'établissement et d'entre-
tien, sans aucune subvention de la part de l'Etat.

Les œuvres d'art, ponts, tunnels, viaducs et
remblais, coûtaient alors beaucoup plus cher

qu'aujourd'hui ; et cependant on n'hésitait pas à faire droit aux justes réclamations des populations du Faucigny.

Il se rencontrait, alors comme aujourd'hui, des hommes inquiets et pusillanimes qui niaient la possibilité d'établir un chemin de fer traversant une vallé étroite, une gorge encaissée dont les parois murent l'horizon à la hauteur du ciel, rencontrant des torrents à franchir, des rochers menaçants à contourner, des montagnes à gravir ; les ingénieurs d'alors n'ignoraient pas les obstacles à surmonter, les difficultés à vaincre, et cependant tous affirmaient la possibilité de l'établissement de la ligne du Faucigny ; et je suis fier de pouvoir citer un nom illustre de mon pays, l'ingénieur Sommeiller, pour prouver à tous qu'il n'y a rien d'impossible au travail, à la science et au génie.

L'expérience est venue donner droit aux prévisions des ingénieurs ; on compte en effet, en Suisse, en France, et par toute l'Europe, de nombreuses lignes ferrées, analogues à celle qui nous occupe aujourd'hui.

Je pourrais démontrer par des exemples nombreux que les chemins de fer semblables à celui qui portera le nom de ligne du Faucigny existent et prospèrent ; je pourrais citer la ligne de Blesmes à Chaumont, qui a un parcours de 90 kilomètres ; celles de la vallée du Haut-Ornain

et de Tavaux-Pontséricourt; l'Ecosse, la Nor-
wége, deux pays de montagnes, aussi accidentés
que le nôtre, sont depuis longtemps sillonnées
par des chemins de fer construits sur des données
identiques ; les difficultés se rencontraient peut-
être plus grandes, elles ont été vaincues facilement, et aujourd'hui le développement et la
prospérité de ces chemins de fer écossais et
norwégiens récompensent les habitants de ces
pays de leur courage et de leurs sacrifices.

Ces difficultés de notre sol, ne les exagère-t-on
pas? D'après le tracé qui a toutes nos préférences (et nous dirons pourquoi), d'Annemasse à
Cluses, le chemin de fer n'aura pas de grands
travaux d'art à exécuter, les pentes les plus
raides pourront être évitées. Car, si nous compa-
rons les hauteurs de ces deux chefs-lieux, nous
trouvons qu'Annemasse est à 436 mètres au-
dessus du niveau de la mer, et Cluses à 485 mètres; on le voit, la différence est peu sensible. Je
sais bien qu'entre ces deux communes il existe
des pentes assez considérables, puisque certains
points intermédiaires sont à cent mètres plus
haut qu'Annemasse, le point de départ. Mais
cette objection ferait sourire le plus jeune ingénieur, récemment sorti de l'Ecole des ponts et
chaussées; quand on ne peut vaincre en face la
difficulté, on la tourne.

Reste enfin le trajet de Cluses à Chamonix; la

pente est très rapide, il nous faut atteindre à 1,050 mètres. C'est *la ligne de montagne* avec toutes ses difficultés, et ici on ne peut les tourner, on doit aborder de front les pentes les plus raides ;

La science a répondu : de Cluses à Chamonix une ligne de montagne peut être établie ; elle le sera bien plus facilement que celle qui, en Suisse, tout près de nous, conduit jusques au sommet du Righi. La petite ligne du Righi, exclusivement consacrée à l'ascension de cette haute montagne, réalise chaque année d'importants bénéfices ; l'année dernière elle a rapporté plus de 15 %.

Nous ne devons pas oublier que le chemin de fer du Faucigny, s'il présente des difficultés de même nature, a ce grand avantage rémunérateur, qu'il ne sera pas construit seulement en vue du transport des voyageurs, mais aussi du transit agricole et commercial.

J'établis donc la possibilité d'un chemin de fer à travers nos vallées et nos montagnes.

Depuis près de vingt ans qu'on s'en occupe, tous les ingénieurs ont répondu que sa construction était non-seulement possible, mais facilement réalisable.

Autour de nous, des pays plus pauvres que les nôtres ressentent tous les jours les bienfaits de lignes plus difficiles, établies avec plus de frais que ne le sera celle du Faucigny.

Que l'on cesse donc d'appeler un rêve, une utopie, ce projet qui a attiré l'attention du gouvernement, et ,cherchons à encourager le Conseil général, qui s'entoure de toutes les lumières de la science, pour mener à bonne fin, et le plus promptement possible, une œuvre de civilisation, d'utilité et de progrès. Loin de nous les hommes mal intentionnés; si leurs idées triomphaient, ils assumeraient sur eux une lourde responsabilité!

Quelques détails pratiques et techniques, que je rendrai aussi clairs que possible, vous feront comparer les conditions spéciales d'économie qui permettent de construire les chemins de fer comme celui qui nous occupe en ce moment. Pour plus de précision, j'en fais l'objet d'un paragraphe spécial de cette lettre.

CONSTRUCTION

DU CHEMIN DE FER ÉCONOMIQUE

à voie étroite.

Je vous ai dit plus haut que lorsque le gouvernement sarde concéda le chemin de fer qui se rattachait au Victor-Emmanuel pour aller rejoindre celui de Paris-Lyon-Méditerranée à Genève, une des principales préoccupations fut d'étudier la possibilité de construire une grande ligne à travers nos montagnes, en raison des frais énormes qu'elle entraînerait.

Il s'agit aujourd'hui de la ligne d'Annemasse à Chamonix ; dès lors plusieurs ingénieurs distingués ont pensé qu'il fallait construire un chemin de fer *d'intérêt local à voie étroite*.

Après avoir soigneusement étudié leurs calculs, j'ai dû partager entièrement leur avis. Je n'ignore pas les objections, ou plutôt l'objection sérieuse qui leur est faite; je tâcherai d'y répondre.

Permettez-moi de rappeler brièvement ce que l'on entend par chemin de fer d'intérêt local à voie étroite, et d'en montrer l'avantage pour nous.

La différence qui existe entre les grandes lignes de chemin de fer et celles dites à voie étroite est celle-ci :

Les premières sont construites sur des rails qui ont 1^{m}44 à 1^{m}50 d'écartement;

Les rails sur lesquels glissent les trains des secondes n'ont entre eux qu'un écartement d'un mètre.

Tout est là : c'est une différence qui ne frappe pas tout d'abord, si on ne réfléchit point aux conséquences considérables qu'entraîne cette réduction de 45 à 50 centimètres sur la largeur de la voie.

Les grandes Compagnies, je le sais, aiment et

recherchent les grandes lignes et ne calculent pas avec les dépenses quand elles savent que la longueur du parcours, la richesse des pays traversés, la variété des produits, entraîneront nécessairement un travail rémunérateur.

Pouvons-nous et devons-nous nous montrer aussi exigeants? Je ne le pense pas. Il nous faut éviter les illusions aussi bien que le découragement et les impossibilités; nous devons prendre pour principe de nos efforts, de nos espérances et de nos travaux, la plus stricte économie. A cette condition seule, les entrepreneurs du chemin de fer du Faucigny peuvent nous assurer le succès.

Or, je tiens à vous prouver que la voie étroite nous présente cette inappréciable garantie, et d'abord :

1° Economie dans la construction.

La première dépense est celle du personnel occupé aux études du tracé sur place.

Un ingénieur, M. Emile Level, dans son ouvrage remarquable intitulé : *De la construction et de l'exploitation des chemins de fer d'intérêt local*, livre qui doit être lu et médité par tous ceux qui veulent étudier cette question, apprécie à une somme qui varie de 1,400 à 1,500 francs par kilomètre, les dépenses, que doit occasionner le personnel nécessaire aux études et au tracé sur place d'un chemin de fer d'intérêt local. La construction ne devant durer que deux ans, c'est donc environ 725 francs par kilomètre et par an, qu'il faudra compter pour cette dépense spéciale, et encore, si j'en crois les travaux particuliers déjà faits et publiés, on pourrait ne pas atteindre ce chiffre;

Nous n'hésitons pas à affirmer que la dépense s'élèverait à un tiers en sus pour la construction d'une ligne ordinaire, à 1^{m}44 d'écartement.

Si on prend maintenant le chiffre qu'il convient d'appliquer à l'établissement du chemin de fer; la différence sera encore plus sensible;

Et par établissement, j'entends non-seulement l'acquisition des terrains, mais tous les travaux que nécessite l'installation d'un chemin de fer, ponts, remblais, déblais, tunnels, etc., etc.

L'importance des travaux destinés à supporter les trains, leur forme même, sont subordonnées aux dimensions et au poids des trains. Sur une voie étroite, les rails, et par suite les locomotives et les wagons, sont de petite dimension, ils pèsent moins; il s'ensuit évidemment que la construction des ouvrages d'art est plus restreinte, moins coûteuse que s'il s'agissait d'une voie large.

On économise en constructions, sur cette donnée d'une voie étroite, une somme qui peut varier de *trente à quarante mille francs par kilomètre.*

Je vous épargne les calculs auxquels il faut se livrer pour établir ce chiffre; j'ai consulté des ingénieurs du chemin de l'Est, pour lesquels ces études sont familières; j'ai étudié les livres spéciaux, les rapports officiels, et je puis dire sans exagération que l'on évite ainsi un tiers de la dépense.

Inutile d'ajouter que l'expropriation des terrains sera moins onéreuse, non-seulement par le nombre de mètres en moins qu'exigera la voie, — et sur un parcours assez long ce nombre a bien son prix, — mais aussi parce que la voie étroite pourra se prêter plus facilement à des contours que ne saurait permettre la grande ligne.

2° Rapidité de la construction.

« Le temps vaut de l'argent, » a dit un célèbre économiste; cette maxime que je ferai valoir plus loin, quand je parlerai du tracé, a ici sa force et sa valeur.

Moins en effet il y a de travail à faire, moins il faut de bras, moins il faut de temps. Cette naïveté pourra faire sourire quelques-uns de mes lecteurs, désintéressés dans la question; mais elle rassurera les actionnaires quand on fera appel à leur bourse, et elle fera moins regretter la minime dépense d'un voyage forcé à nos cultivateurs.

Il est un autre avantage dont jouissent seuls les chemins de fer d'intérêt local, et que je veux faire ressortir, c'est que, grâce à la loi du 12 juillet 1865, ces chemins de fer peuvent être construits dans un délai beaucoup moins long que les autres.

Cette loi, en effet, a été un véritable bienfait : créée dans un but libéral et décentralisateur, elle rend les formalités administratives plus faciles et plus promptes; on n'est plus exposé à rencontrer des règlements minutieux, des sévérités et des rigueurs, parfois nécessaires il faut le reconnaître, quand elles s'appliquent à de grandes Compagnies exploitant des voies dont le transit et le produit sont considérables, formalités qui n'en sont pas moins une gêne et une entrave.

Avant la loi du 12 juillet 1865, le gouvernement seul avait le droit de décider quels devaient être les tracés des chemins de fer; il s'agissait avant tout de satisfaire l'intérêt général, et de préserver les grandes voies ferrées des influences et des compétitions locales.

Aujourd'hui, les grandes lignes sillonnent la France de tous côtés; tous les chefs-lieux de département et le plus grand nombre des chefslieux d'arrondissement sont desservis par des chemins de fer; il n'y a donc plus à craindre les mêmes dangers, et on a pu songer à satisfaire les intérêts spéciaux des petites localités qui ne veulent pas rester en dehors de l'élan industriel et commercial imprimé partout depuis dix ans, momentanément ralenti, il est vrai, par les désastreuses années que nous venons de traverser.

Désormais le gouvernement a pu confier au Conseil général, organe éclairé des intérêts locaux, la direction, le mode et les conditions de construction des chemins de fer d'intérêt local ; le préfet approuve les projets définitifs. L'action locale et l'administration préfectorale sont substituées à l'action gouvernementale et à l'administration centrale ; on voit combien sont plus rapides ces formalités préalables.

L'article 2 de cette loi est ainsi conçu :

« Le Conseil général arrête, après instruction « préalable par le préfet, la direction des che- « mins de fer d'intérêt local, le mode et les con- « ditions de leur construction, ainsi que les « traités et les dispositions nécessaires pour en « assurer l'exploitation.

« L'utilité publique est déclarée et l'exécution « est autorisée par décret délibéré en conseil « d'Etat, sur le rapport des Ministres de l'inté- « rieur et des travaux publics.

« Le préfet approuve les projets définitifs, « après avoir pris l'avis de l'ingénieur en chef, « homologue les tarifs et contrôle l'exploita- « tion. »

Les résultats qu'on est en droit d'espérer de cette loi sont inappréciables ; jusqu'ici les grandes lignes de chemin de fer ont absorbé la circulation commerciale et industrielle à leur profit ; l'équilibre était détruit ; il sera rétabli.

Enfin, les campagnes, par l'établissement des voies ferrées d'intérêt local, seront associées à l'abaissement des tarifs de transport ; les frais sont, en effet, beaucoup moins considérables par le chemin de fer que par les routes.

Ainsi donc, suppression de formalités et, par suite, rapidité plus grande dans les préliminaires nécessaires de la construction ; rapidité aussi par suite d'une construction plus restreinte ; ce qui permet de dire qu'en deux ans le chemin de fer à voie étroite peut être fait, alors qu'il faudrait un délai bien plus long pour l'établir sur une voie large.

3° Economie dans l'exploitation.

On a toujours dit que le montagnard sait calculer ; c'est faire son éloge. Je suis devenu montagnard, et je vais essayer de calculer, moi aussi.

Pour se rendre bien compte de ce que coûte l'exploitation d'un chemin de fer, il faut pénétrer dans l'un des immenses ateliers de nos grandes Compagnies, étudier dans le détail le prix de revient de chacune des parties de cet immense et élégant outillage, qui frappe d'admiration. On peut alors se faire une idée exacte des capitaux énormes qui roulent tous les jours sur notre réseau.

Examinons les économies que nous pourrions ainsi réaliser, pièce par pièce, presque sou par sou.

Les rails employés pour la voie étroite pèsent moins, parce qu'ils ont un poids moindre à supporter; le prix de revient est donc beaucoup moindre; de là une réduction notable sur la dimension des locomotives.

Vous savez que la locomotive, l'outil actif du chemin de fer, est toujours très chère à acheter; elle est pour le chemin de fer à voie étroite d'un prix beaucoup inférieur à celui des locomotives ordinaires.

En outre, plus la voie est large, plus la locomotive est pesante, nous l'avons dit; il s'ensuit que, sous son poids, la voie ordinaire se fatigue et s'use vite; il faut de fréquentes réparations. Aucun de ces inconvénients si graves ne se présente au même degré dans la construction des chemins de fer à voie étroite : si la traction est moindre, l'outil doit être plus petit, car tout s'enchaîne; une locomotive de petite dimension brûle moins de charbon; enfin, avec un matériel léger, on évite les énormes dépenses de la traction des chemins de fer ordinaires.

Le personnel lui-même est moins nombreux,

ses appointements sont moins élevés. Si le chemin de fer du Faucigny n'était pas un chemin de fer d'intérêt local à voie étroite, et que le gouvernement décidât le tracé, réglât les conditions d'exploitation, il imposerait probablement des gares, des quais, des clôtures, des passages, selon un modèle qu'il choisirait, et qui serait fort coûteux ; enfin, il imposerait probablement encore un service de nuit, qui exige plus d'employés et une rétribution plus élevée. Avec la voie étroite, « la porte est fermée — comme le dit très bien M. l'ingénieur Level dans l'ouvrage que j'ai cité plus haut — à toutes les charges onéreuses. »

4° Facilités spéciales.

J'ajouterai, en quatrième lieu, que le chemin de fer à voie étroite se plie beaucoup mieux que la voie large aux contours et aux sinuosités que le tracé doit faire dans un pays de montagnes. Les pentes sont plus faciles à faire descendre ou monter ; on peut les laisser plus rapides, et les travaux de nivellement sont moins considérables.

5° Possibilité de l'embranchement de Samoëns.

Enfin, et ceci est une raison dont l'importance ne vous échappera pas, il est nécessaire que le chemin de fer du Faucigny ait un embranchement, sur un point quelconque de son parcours, qui se dirige sur Tanninges et Samoëns, et puisse faire participer les habitants de cette riche et belle vallée aux avantages de toute nature qui résulteront du passage du chemin de fer. Or, cet embranchement ne peut être fait qu'avec un chemin de fer à voie étroite ; si la voie large, avec toutes les dépenses qu'elle entraîne, était imposée, on serait obligé de renoncer à cet embranchement. Interrogez nos compatriotes de la vallée du Giffre, de Mieussy, Tanninges, Samoëns et Sixt, demandez-leur ce qu'ils en pensent. Cette raison *seule* suffirait à nous décider.

Je vous ai dit que la voie étroite devait être préférée, selon moi, à la voie large, parce qu'il y avait :

1° Rapidité dans l'établissement ;

2° Économie dans la construction ;

3° Économie dans l'exploitation ;

4° Facilités spéciales pour les chemins de fer de montagnes ;

5° Possibilité d'un embranchement desservant Mieussy, Tanninges et Samoëns.

Et qu'on ne croie pas que cette économie nuise à aucun des intérêts du voyageur : *la vitesse* des trains est la même, *la sécurité* est la même, les wagons aussi commodes que sur les voies ordinaires.

Pourquoi devons-nous désirer que la Compagnie concessionnaire dépense le moins possible, et réalise les économies sur lesquelles j'appelle votre attention?

Parce que ses intérêts seront les nôtres; elle fera appel à nos capitaux, et nous répondrons à cet appel; le produit des sommes que nous aurons ainsi placées s'élèvera, si la Compagnie réalise des bénéfices; il diminuera progressivement, si les dépenses premières ne sont pas en équilibre avec les bénéfices réalisés.

Pour ceux d'entre nous qui ne pourront confier leur argent à la Compagnie, qui ne pourront faire aucun sacrifice, leur intérêt personnel est encore le même que celui de la Compagnie.

L'autorité départementale imposera sûrement à la Compagnie une réduction sur le tarif du transport des marchandises, lorsque les bénéfices réalisés auront atteint annuellement une certaine somme.

Nous avons donc l'espoir qu'à une époque peu éloignée de celle où la ligne sera en pleine activité, nous pourrons transporter nos marchandises du Faucigny à Genève, ou dans la direction d'Annecy par La Roche, à prix réduits.

Vous le voyez : l'intérêt du plus pauvre, de celui qui ne pourrait envoyer dans les grands centres que des produits peu importants de son industrie, ou de son exploitation agricole si minime qu'elle soit, comme l'intérêt du plus riche, lors même que ses capitaux ne seraient pas engagés, exigent que la Compagnie réussisse et prospère, quelle qu'elle soit, française, anglaise ou génevoise, et quel que soit le tracé pour lequel le Conseil général se décidera.

L'objection que rencontrent les chemins de fer d'intérêt local à voie étroite, c'est l'obligation du *transbordement*.

Je m'explique : la ligne du Faucigny se reliera à Annemasse avec la ligne qui vient d'être déclarée d'utilité publique, d'Annecy à Annemasse, et qui, construite par la grande Compagnie des chemins de fer de Paris à Lyon, sera nécessairement une voie large.

Les wagons qui circuleront sur le chemin de fer du Faucigny, n'ayant qu'un écartement d'un mètre entre les roues, ne pourront évidemment pas prendre la voie large, et devront rester à Annemasse; de là l'obligation, la nécessité, de décharger les marchandises qui sont destinées à Annecy, Chambéry, Turin, Thonon, etc., pour les recharger sur les gros wagons de la Compagnie Paris-Lyon-Méditerranée.

J'ai laissé à l'objection toute sa portée, et je suis loin de me faire illusion sur sa gravité. Mais n'est-il pas possible de parer à cet inconvénient sérieux? Pourquoi ne pas exiger, d'une part, que la Compagnie concessionnaire du chemin de fer du Faucigny prenne à sa charge ce transbordement? L'objection n'existera plus. Et,

d'autre part, le gouvernement suisse ne se re-
fuserait certainement pas à accorder la concession d'une petite ligne conduisant d'Annemasse
à Genève. Presque tout le trafic commercial
de nos vallées se dirige sur Genève; nous irions
à Genève sans changer de wagon, et les marchandises chargées à la gare de départ ne de-
vraient plus être déchargées qu'à Genève. L'objection sur ce point spécial tombera encore
d'elle-même.

TRACÉ DU CHEMIN DE FER DU FAUCIGNY

J'espère avoir prouvé à tous ceux qui avaient
encore besoin de cette démonstration, l'utilité
et la possibilité du chemin de fer du Faucigny; et personne n'oserait risquer son patriotisme à le combattre.

Mais il est une autre question qu'il faut aborder résolument, et je ne me dissimule pas les
difficultés qui se présentent lorsqu'on veut la
résoudre.

Quel devra être le tracé du chemin de fer ?

Nul doute qu'il ne s'engage à cet égard les
discussions les plus passionnées; je m'attends
même aux plus vives critiques. Mais, comme je
tiens à ce qu'on ne me suspecte pas de sacrifier
l'intérêt général aux avantages d'une commune,

d'un canton même, je me plais à rendre le même témoignage à mes contradicteurs. Je soumets mes idées aux lumières de tous, et en particulier à celles du Conseil général, qui, examinant les questions de haut, mandataire et défenseur des intérêts de tous et de chacun, entendra tous les avis, étudiera tous les projets, et prendra une décision que nous saurons tous respecter.

Quand on a la conviction que l'on accomplit un devoir en éclairant ses concitoyens, en leur montrant de quel côté la balance doit pencher, en se plaçant au point de vue de l'intérêt général, des besoins de la majorité d'entre eux, rien ne saurait effrayer et distraire; pour moi, j'irai droit mon chemin en laissant à tous la liberté d'opinion à laquelle chacun a droit, mais en réclamant avec énergie cette liberté pour moi-même.

Rien n'est aussi éloquent et aussi cruel que les chiffres, a dit un auteur; je vais donc puiser toute ma force dans les calculs de savants ingénieurs. Personne ne pourra en contester la précision, et ils démontreront à tous quel est, pour le chemin de fer qui nous occupe, le tracé le plus rationnel et le plus pratique.

Ne perdons pas de vue, même au risque de nous répéter, que, dès le mois de septembre 1871, une demande de concession était présentée au Conseil général de la Haute-Savoie; le chemin de fer proposé, partant de Genève pour aboutir à Chamonix, suivait dans tout son parcours *la vallée de l'Arve*.

Le conseil général a confié l'étude de cette question à des hommes instruits et dont l'impartialité ne saurait être mise en doute. Cette étude a duré trois ans, et, malgré les avantages de toutes sortes offerts par les concessionnaires, bien que les ingénieurs ne demandassent ni subvention, ni concours, soit de la part de l'Etat, soit de la part du département, le Conseil général ajourna sa décision.

Cette détermination, quand on en recherche les causes, n'a pas lieu de nous surprendre : lorsque deux lignes de chemin de fer parallèles, séparées seulement par la petite distance de 5 à 6 kilomètres, aboutissent au même but, on doit craindre une concurrence qui tourne nécessairement au profit du plus fort; passez-moi la comparaison, c'est la lutte du pot de terre contre le pot de fer.

Or, la Compagnie de Paris-Lyon-Méditerranée s'était engagée à construire le chemin de fer d'Annecy à Annemasse; la vallée de l'Arve, toute belle qu'elle est, ne pouvait s'élargir assez pour empêcher la ligne d'intérêt local de côtoyer la grande ligne, et il était à craindre de la voir rendue inutile, faute de capitaux et surtout de produits rémunérateurs.

On s'est demandé alors quel devait être le

tracé le plus normal, mieux approprié aux vœux et aux besoins des populations. Des ingénieurs ont été consultés; ils ont présenté de nouveaux projets, et soumis leurs études au jugement du Conseil général.

Ces diverses solutions ont été longuement discutées, et l'assemblée départementale ne s'est pas encore prononcée d'une manière définitive.

Je ne saurais mieux faire pour prouver la loyauté, l'élévation et le sérieux de ces délibération, que de vous mettre sous les yeux quelques pages empruntées au rapport de M. Dupuis, à qui j'adresse encore une fois mes remercîments les plus vrais et mes éloges les plus sincères.

« Plusieurs propositions, émanant de Compa-
« gnies différentes, ont été soumises à la Com-
« mission ; l'une par MM. Diodati, Louis Rouget,
« Zeigler et Buhler, représentés par M. Tocanier,
« banquier à Aix-les-Bains. Leur tracé part de
« Sallanches pour aller se raccorder à la gare
« de Pers, à six kilomètres environ de La Roche,
« en suivant constamment la rive gauche de
« l'Arve, qui est la moins peuplée; il oblige à
« un long détour pour arriver à Annemasse. Les
« tarifs qu'ils proposent sont supérieurs d'un
« cinquième à ceux de la compagnie Paris-Lyon-
« Méditerranée dans la section de Bonneville à
« Sallanches, et du double dans celle de Sallan-
« ches à Chamonix, quoiqu'elle doive être cons-

« truite à voie étroite ; enfin, il demande une
« subvention de deux millions à répartir entre
« l'État, le département et les communes.

« MM. Dubus et Debains proposent un chemin
« à voie étroite, c'est-à-dire d'un mètre en rails,
« avec un matériel spécial, prenant à leur charge
« exclusive, sans augmentation de prix, le
« transbordement des marchandises à Anne-
« masse. Leurs tarifs sont ceux de la ligne
« d'Italie pour les voitures de première et de
« deuxième classe, et ceux de la Compagnie
« Paris-Lyon-Méditerranée pour les voitures de
« troisième classe seulement. Leur tracé part
« provisoirement de Saint-Gervais-les-Bains,
« soit le Fayet, passe par Domancy, Sallanches,
« Saint-Martin, Cluses, Marignier ; de ce point,
« il se divise en deux branches, l'une se diri-
« geant sur La Roche, pour aboutir à sa gare,
« par Bonneville, Saint-Maurice et Saint-Pierre-
« de-Rumilly, l'autre sur Annemasse par Saint-
« Jeoire, Viuz, Bonne, avec prolongement de
« Saint-Jeoire à Samoëns, par Mieussy, Tannin-
« ges, Morillon.

« Ce tracé dessert assez bien les vallées de
« l'Arve et du Giffre ; mais il a l'inconvénient de
« priver le chef-lieu d'arrondissement du pas-
« sage des voyageurs de Genève à Chamonix,
« et de ne le relier directement qu'avec La Ro-
« che. Le tracé de la Compagnie Dyson et

« Mottu a son origine à Genève, près du lac, sur
« la commune des Eaux-Vives ; la station prin-
« cipale serait établie entre la route de Genève
« à Thonon et celle de Genève à Bonneville ;
« une ligne partant de Chêne rejoindrait la
« gare de Mont-Brillant en passant par Ca-
« rouge ; de la station de Chêne, le chemin sui-
« vrait parallèlement la route de Bonneville,
« franchirait le ruisseau de Foron, limite de la
« Suisse et du département de la Haute-Savoie ;
« de là arriverait à la gare d'Annemasse, point
« de rayonnement des lignes Thonon-Collon-
« ges-Annecy. D'Annemasse, il suivait la di-
« rection de la route départementale n° 10, lais-
« sant sur la gauche les villages de Mallerande
« et de Bas-Monthoux ; arrivé en face de Ve-
« traz, il s'inclinerait du côté de Borly et de la
« Bergue, suivrait parallèlement la route na-
« tionale n° 203 jusqu'à Bonne, où serait établie
« une station importante destinée à relier les
« vallées de Boëge et de Viuz ; au sortir de
« Bonne, la voie franchirait la Menoge, pas-
« serait sur la route nationale et, parvenue aux
« fermes des Bossons et Couvettes, traverse-
« rait la colline par un tunnel, déboucherait
« dans la vallée de l'Arve, chez les Bègues, où
« serait installée une station desservant Fin-
« drol, Contamines, Scientrier, Nangy, Mar-
« cellaz et Faucigny. Le tracé se développerait

« ensuite le long du coteau de Contamines, cou-
« perait la route nationale n° 203, près des mou-
« lins de Perrine, suivrait les graviers de l'Arve
« jusqu'à la plaine de Crèvecœur, qu'il franchi-
« rait en écharpe pour atteindre la station de
« Bonneville, derrière la poudrière, sur l'ave-
« nue de Marignier.

« De Marignier, le chemin s'allonge en ligne
« droite au pied de la colline d'Ayse, à travers
« des terrains de peu de valeur, laisse une sta-
« tion au-dessous de Marignier, franchit le Gif-
« fre, s'étend ensuite le long de la plaine de
« Thyez, en se rapprochant de l'Arve et en lais-
« sant le Nanty sur la gauche; parvenu à Clu-
« ses, le railway passe au nord de la ville, en
« s'infléchissant jusqu'à la place existante près
« du vieux pont, où sera construite la station.
« De Cluses, le chemin suit la rive droite de la
« rivière jusqu'au hameau de Balme, se conti-
« nue ensuite sur la rive gauche, passant sous
« Gravin et Vorzier, pour déboucher à Sallan-
« ches. De la gare de cette dernière ville, placée
« à cheval sur la route de Saint-Martin, il se
« dirige en ligne droite jusqu'au Fayet, près le
« pont de Bonnant, à l'entrée de l'établissement
« thermal de Saint-Gervais-les-Bains. La lon-
« gueur du tracé de la frontière suisse à ce
« point est de 58 kilomètres 500 mètres, et les
« plus fortes pentes n'atteignent pas 20 milli-

« mètres par mètre. Les principaux travaux
« d'art consistent en deux tunnels, l'un de
« 40 mètres, l'autre de 300 mètres, en trois
« ponts jetés sur la Menoge, le Giffre et l'Arve.
« De huit stations projetées, la plus importante
« est sans contredit celle de Bonne, destinée à
« recevoir le chemin de fer spécial à la vallée
« du Giffre, dont la concession vous sera bien-
« tôt demandée, votre commission croit en être
« certaine. — Le Fayet resterait provisoire-
« ment tête de ligne, jusqu'à ce que le nombre
« croissant des touristes se dirigeant vers Cha-
« monix rende un prolongement nécessaire. —
« Des études ultérieures seront indispensables
« pour déterminer les meilleures conditions de
« l'établissement de cette section. »

Je n'ignore pas que mes préférences ne sau-
raient influer sur la décision dernière du Conseil
général ; mais si, en les avouant, je n'hésite pas
à me prononcer *pour la ligne qui desservira
Bonne, Viuz, La Tour, Saint-Jeoire et Marignier, et qui par un embranchement spécial se
dirigera sur Samoëns, par Mieussy, Tanninges
et Morillon*, c'est que je crois servir mieux les
intérêts du Faucigny.

Vous êtes de mon avis, mon cher ami ; mais
tout le monde ne partage pas nos convictions. Il
est donc nécessaire de montrer à nos adversaires
les avantages réels qu'offre à nos laborieuses

populations le tracé qui nous paraît le meilleur.

Ces avantages, selon moi, peuvent se ramener à trois points principaux :

1° Nombre plus grand des chefs-lieux de canton et des communes desservies ;

2° Longueur moins grande du tracé ;

3° Produit plus rémunérateur.

Prenons chacune de ces divisions ; étudions-les attentivement. J'aime à croire que ces lignes ne seront pas sans intérêt et sans utilité pour mes lecteurs.

1° Nombre des Communes desservies.

« Dans une ligne d'intérêt local, » a dit un ingénieur éminent, « *les points intermédiaires* « ne doivent pas être sacrifiés aux *points ex-* « *trêmes ;* il faut s'attacher à desservir les plus « insignifiantes agglomérations, sans se laisser « effrayer par la nouveauté d'une ligne à con- « tours sinueux et à pentes très variables. »

Voilà le principe ; il est à mon avis excellent, et nous souhaitons que la Compagnie concession- naire de l'entreprise, quelle qu'elle soit, se con- forme à cette donnée première, incontestable- ment juste et vraie : « *desservir les plus insigni-* « *fiantes agglomérations, ne pas sacrifier les* « *points intermédiaires.* »

Ceci une fois établi, examinons quelles seront les communes desservies directement ou indirectement (c'est-à-dire dans un rayon rapproché) d'Annemasse à Cluses, par le projet qui a toutes nos préférences :

Cranves-Sales, Bonne, Fillinges, Marcellaz, Peillonnex, Viuz-en-Sallaz, Ville-en-Sallaz, La Tour, Saint-Jean-de-Tholome, Marignier, Thyez; et, par une ligne spéciale, Mieussy, Tanninges, Samoëns et Sixt.

Si l'on adoptait l'autre ligne, qui suit le cours de l'Arve, on rencontre une station à Bonne, puis une autre au lieu dit *chez les Bègues*, destinée aux communes de Findrol, Contamines, Scientrier, Nangy, Marcellaz et Faucigny ; une autre enfin à Bonneville, puis à Marignier et à Thyez.

Je demande à tous les hommes impartiaux de jeter un coup d'œil sur la carte et de faire, à ce premier point de vue, la comparaison entre les deux tracés. Je leur demande s'il est rationnel, s'il est juste, de laisser en dehors de la ligne trois chefs-lieu de canton : Saint-Jeoire, Tanninges et Samoëns, des communes très importantes comme Viuz et Mieussy ? Je leur demande s'il est possible de conserver encore un doute sur la préférence à donner au premier tracé ?

Et que l'on ne me dise pas que, dans l'hypothèse du trajet par Contamines, on pourvoit aux

intérêts de ces trois cantons et de ces communes,
par l'établissement, à Bonne, d'une gare destinée
à desservir les vallées du Foron, de la Menoge,
de Viuz, de Saint-Jeoire et du Giffre.

Ce n'est point une réponse !

Croit-on, en effet, qu'après avoir fait plus de
la moitié du trajet, s'il part de Saint-Jeoire, plus
des deux tiers s'il vient de Tanninges, le voyageur ou le voiturier s'arrêteront en route pour
prendre le train de Genève ? Veut-on supposer un
instant que le commerçant déchargera ses marchandises pour les recharger dans un wagon à
Bonne ? C'est admettre l'impossible.

Une objection en apparence plus sérieuse est
celle qui est indiquée par M. Dupuis, dans le
passage de son rapport que je viens de citer ;
je ne veux rien lui enlever de sa force :

« Le tracé par la vallée du Giffre semble pri-
« ver Bonneville du passage direct des voya-
« geurs qui se rendent chaque année, en si
« grand nombre, de Genève à Chamonix. »

Si le chef-lieu administratif et judiciaire de
l'arrondissement que parcourra le chemin de fer
du Faucigny était privé de toute communication
par voie ferrée, soit avec Annecy, soit avec Genève, soit avec les chefs-lieux de cantons desservis, je comprendrais l'objection ; mais Bonneville est compris dans le tracé et *desservi par un
embranchement spécial* qui part de Marignier

pour aboutir à La Roche, où il rejoint le chemin de fer d'Annecy.

Le transit des voyageurs ? Assurément aujourd'hui c'est une source de produits pour le cheflieu d'arrondissement; pourquoi ? parce que les voyageurs s'y arrêtent, s'y reposent, y prennent un ou plusieurs repas ; mais s'imagine-t-on que les voyageurs qui partiront de Genève pour se rendre à Chamonix, descendront de chemin de fer avant d'être arrivés au lieu de destination ? Il est certain que les touristes dont le passage sur la ligne du Faucigny constituera l'un des revenus les plus importants et les plus assurés du chemin de fer, ne s'arrêteront nulle part : pas plus à Bonneville qu'à Bonne, Viuz ou Saint-Jeoire. Le transit des voyageurs en chemin de fer n'est pas, comme le passage des voyageurs en voiture une source de produits pour le pays ; l'expérience de toutes les villes intermédiaires desservies par une voie ferrée est là pour le prouver.

L'objection me paraît donc sans portée aucune.

2° Longueur moins considérable de la ligne.

Le tracé qui, selon moi, doit être préféré, aura deux ou trois kilomètres de moins que l'autre. C'est assurément peu de chose ; mais, je l'ai établi en principe, il n'y a pas de petites économies, même en matière de chemins de fer, sur-

- 39 -

tout lorsque l'économie, si restreinte qu'on la sup-
pose, augmente considérablement les revenus.
La preuve en est trop facile pour que je m'arrête
à en démontrer la vérité.

3° Bénéfices plus considérables.

J'avoue que jusqu'au jour où j'ai fait de cette
question si importante une étude spéciale, j'igno-
rais comment les ingénieurs et les Compagnies
de chemins de fer qui se créent, pouvaient calculer les bénéfices probables d'une voie ferrée.

Laissez-moi vous faire partager le fruit de
mes recherches : je pense que ce mode de pro-
céder vous intéressera et vous fournira le moyen
de prévoir et de contrôler le succès à venir de
l'entreprise.

Plusieurs méthodes sont indiquées dans les ouvrages spéciaux; celle qui me paraît la plus
simple est recommandée par M. l'ingénieur Level,
que j'ai déjà cité, par M. l'ingénieur Goschler,
constructeur de chemins de fer (1), par les hommes les plus compétents, dont les noms font autorité en pareille matière.

C'est le chiffre de la population, point de départ du raisonnement mathématique, qui sert de
base aux calculs.

(1) *Compte rendu des travaux de la Société des ingénieurs
civils*, 1871, 24e année, 3° fascicule.

Etant donné le nombre d'habitants de chaque commune, on évalue le nombre des voyages faits par an d'un point à un autre de la ligne par chaque habitant des communes desservies. Pour arriver à cette probabilité mathématique, on compare la ligne à construire aux chemins de fer analogues, dont une longue expérience a permis d'étudier les résultats.

Il est évident que ce chiffre de voyages probables varie selon qu'il s'agit d'une commune située sur la ligne même, ayant une station spéciale, ou d'un village qui se trouve à quelque distance de la station; plus aussi l'industrie et le commerce prennent de développement, plus se multiplient les voyages;

Mais il est facile d'arriver à une moyenne exacte : sur la ligne de Lyon, par exemple, les habitants des villes et des villages desservis se déplacent six fois par an, quatre fois sur le chemin de fer du Midi, sept fois sur le chemin de fer de l'Est.

La moyenne qui pourrait, d'après les ingénieurs, être prise pour le chemin de fer du Faucigny, serait de trois voyages par habitant, soit six en doublant pour le retour.

Cette moyenne si restreinte est vraie aujourd'hui; elle ne le sera plus lorsque les cultivateurs et les commerçants de nos montagnes auront compris la facilité d'un déplacement, et profité du bon marché du parcours; elle ne sera plus vraie lorsque de toutes parts on ouvrira des issues à nos riches produits.

Une fois la moyenne établie, il faut la multiplier par le chiffre des habitants; c'est ici que l'avantage est tout de notre côté.

Le tracé de la vallé de Giffre dessert 52,000 habitants, dont 34,000 directement. Ne nous occupons que de ces derniers, qui sont sur la ligne même; par kilomètre, nous trouvons 443 voyageurs par an.

Nous supposons qu'en moyenne ils font 20 kilomètres : 443 voyageurs par kilomètre, faisant six voyages chacun, nous donnent 2,658 voyages d'un kilomètre.

Nous avons pris une moyenne de 20 kilomètres; multiplions par ce chiffre, nous avons au total 53,160 voyageurs parcourant un kilomètre.

Evaluons maintenant le prix du parcours d'un kilomètre en 3ᵉ classe, 6 centimes, tout au plus, c'est le tarif des lignes ordinaires.

Si je multiplie le chiffre des voyageurs parcourant 1 kilomètre, soit 53,160 par 6 centimes, je trouve un produit annuel de 3,189 fr. 60 cent. par kilomètre; soit pour 94 kil., longueur totale du réseau, 299,822 fr. 40 cent.

M. le conseiller général Dupuis arrive dans son rapport au même chiffre que moi; il évalue à 300,000 fr., chiffre rond, les recettes probables de la ligne.

Appliquons ces mêmes calculs, bien simples, au trajet par la vallée de l'Arve, voici le résultat auquel nous devons nécessairement arriver :

La vallée de l'Arve est *beaucoup moins peuplée* que la vallée du Giffre et la vallée de Viuz; 34,000 habitants seulement profiteraient du chemin de fer, dont 26,000 directement; soit, en ne tenant compte que de ce dernier chiffre, 334 par kilomètre au lieu de 443 que nous trouvions pour l'autre tracé; il en résulte une diminution dans les recettes probables de 784 fr. par kilomètre sur le chiffre que j'indiquais plus haut pour le tracé de la vallée du Giffre; soit, pour l'ensemble du parcours, en admettant qu'il soit égal du côté de l'Arve au parcours du côté du Giffre : 226,154 fr. 60, ou 73,667 fr. 80 en moins.

Pour faire toucher du doigt la différence des produits du transit des voyageurs, je crois utile de placer en regard le tableau des chiffres auxquels on arrive :

Comparaison des deux tracés au point de vue des recettes probables

Vallée du Giffre

Population totale	Habitants desservis directement	Nombre des voyageurs	Produit par kilomètre	Total du produit
52,000	34,000	53,160	3,189 60	299,822 fr. 40 c.

Vallée de l'Arve

Population totale	Habitants desservis directement	Nombre de voyageurs	Produit par kilomètre	Total du produit
34,000	26,000	31,396	2,405 90	226,154 fr. 60 c.

Nous pouvons aussi, d'après des données non moins précises, généralement employées par les auteurs spéciaux qui ont traité ces matières, indications confirmées d'ailleurs par les résultats des lignes aujourd'hui en activité, calculer les produits probables du *transit commercial*, et les comparer sur les deux tracés en présence.

Plusieurs systèmes sont applicables :

On peut (1) évaluer la moyenne des tonnes qui seront fournies à chaque station par habitant, en prenant comme point de comparaison une contrée analogue.

Vous savez que la tonne est un poids en même temps qu'un volume de marchandises; une tonne représente par exemple 8 hectolitres de vin.

On sait que la tonne de marchandises transportée par chemin de fer paye de 6 à 10 centimes par kilomètre parcouru, et qu'un voyageur paye 6 centimes. « Le calcul est facile, » dit M. Michel, « s'il y a par exemple huit fois autant de « voyageurs que d'habitants dans les stations à

---

(1) Système de M. Jules Michel, ingénieur des ponts et chaussées.

« établir, et trois fois autant de tonnes de mar-
« chandises, il suffit de relever le nombre des
« habitants des centres de populations groupées
« à des distances de 6 à 8 kilomètres les unes des
« autres (c'est l'intervalle qui sépare en général
« les stations) et de compter 70 centimes de
« recette par habitant pour avoir le produit kilo-
« métrique de la ligne projetée. » (1)

Quelque mathématique et précis que soit ce mode de calculer, je lui préfère le *comptage des colliers*.

Il consiste à prendre pour base de l'évaluation le trafic sur les routes parallèles au tracé.

Vous n'ignorez pas que l'administration fait depuis longues années, et par ses agents, le recensement des voitures qui circulent sur les routes ; quand on dit que sur telle route on a compté tant de colliers, cela veut dire qu'il est passé tant de chevaux employés au transit des voyageurs ou des marchandises ; chaque collier représentant 700 kilogrammes environ de marchandises transportées, il est facile de calculer le trafic, quand on connaît le nombre des colliers.

Voici les chiffres qui m'ont été donné comme certains :

De Chamonix à Annemasse, le trafic, par les

---

(1) Les *Chemins de fer d'intérêt local*, par M. Jules Michel. ingénieur des ponts et chaussées.

routes qui suivent la rive droite de l'*Arve*, serait de 20,075 tonnes par an.

De Chamonix à Annemasse, par les routes qui suivent, à partir de Marignier, les vallées du Giffre, du Risse et de Viuz, le trafic s'élève à 24,900 tonnes par an.

Il y a donc, en faveur de ce dernier tracé, 4,825 tonnes par an, de plus ; à 10 c. par tonne et par kilogramme, tarif modéré, le tracé de la vallée de l'Arve donnerait 2,007 fr. 50 c., et celui de la vallée du Giffre 2,490 francs, près de 500 tonnes en sus *par kilomètre*.

Tels sont les premiers éléments du produit du chemin de fer ; ils suffiraient, je pense, à démontrer pourquoi nous donnons la préférence au tracé de la vallée du Giffre sur celui de la vallée de l'Arve.

Je suis tout naturellement conduit à établir par des chiffres éventuels, il est vrai, mais sérieusement et loyalement médités, quel sera le rendement annuel brut du chemin de fer du Faucigny.

On pourra peut-être arriver à un autre résultat que moi ; mais, après avoir constaté que ce produit brut, s'il est assurément très variable, tendra toujours à augmenter, je l'évaluerais à environ 900,000 fr. par an, en chiffres ronds.

Il se compose de trois éléments bien distincts ; nous en avons énuméré deux :

1° *Le transit des voyageurs du pays;*

2° *Le trafic des marchandises.*

Il nous reste à dire quelques mots du dernier élément de revenu :

3° *Le transit des voyageurs étrangers.*

Ce dernier produit sera l'une des ressources les plus élevées du chemin de fer du Faucigny.

Vous n'ignorez pas combien sont nombreux, chaque année, les touristes qui vont visiter notre Mont-Blanc; les registres d'hôtel tenus à Chamonix, ceux des voitures publiques qui partent tous les jours du quai du Rhône à Genève, pour se diriger sur Chamonix, établissent qu'en moyenne 22,500 étrangers se rendent à Chamonix ou à Saint-Gervais; sur ce chiffre, il faut défalquer un tiers pour ceux qui retournent en Suisse par la Tête-Noire et Martigny, soit 5,000. Il reste encore 20,000 voyageurs qui font chaque année le trajet de Genève à Chamonix et reviennent par le même chemin, soit 40,000 voyages probables sur toute la longueur de la ligne du Faucigny.

M. Dupuis pense qu'on pourrait faire payer à raison de 18 centimes par kilomètre le trajet total de Genève à Chamonix, et, selon lui, cet élément du produit du chemin de fer s'élèverait à 515,000, y compris le prix des bagages.

Je trouve cette évaluation trop élevée; le prix

des places de Chamonix à Genève serait de 13 francs; à mon avis, c'est trop cher.

Si l'on veut attirer dans notre Savoie les touristes étrangers, si l'on veut qu'elle soit visitée et admirée comme elle mérite de l'être, si l'on veut ne pas laisser à nos voisins les Suisses, qui s'y entendent si bien, le monopole et le privilége du bien-être, je dirai presque de la richesse, que les étrangers apportent dans un pays, il faut offrir non seulement la rapidité de circulation, mais l'économie du transport.

Aujourd'hui, l'économie attire; et l'Anglais fabuleusement riche, qui jette les guinées par les portières de sa chaise de poste pour éblouir les populations, n'existe plus depuis longtemps, si ce n'est dans quelque vaudeville suranné; interrogez les guides, les maîtres d'hôtel, le Français est encore le moins économe de tous les voyageurs.

Aujourd'hui, grâce aux livres si complets de Joanne, Murray, Bœdeker, etc., tous les étrangers savent ce qu'ils doivent dépenser dans leurs voyages; leur budget est fait d'avance, ils vont rarement au-delà.

Le prix, dans les berlines genevoises, varie de 12 à 25 francs, selon les jours et selon la voiture,

Il faut que les étrangers aient un attrait puissant pour que leur nombre se maintienne au chiffre que nous connaissons, pour que ce chiffre augmente même : l'économie du trajet ; il faut que le bon marché du voyage, autant que la facilité de la course puisse les tenter. 8 à 10 centimes par kilomètre seraient très suffisamment rémunérateurs ; 7 francs pour le trajet total me paraissent un chiffre raisonnable, et d'ailleurs le produit s'élèverait par ce chiffre à près de 300,000 fr.

Que la Compagnie établisse, si elle le juge convenable, et je crois qu'elle y trouverait son compte, des wagons de luxe, wagons-salons, wagons-terrasses, coupés, etc., et qu'elle demande à ceux qui les occuperont un prix élevé, rien de plus légitime ; on ne peut s'en plaindre, lorsqu'on s'impose volontairement une dépense conseillée par l'amour-propre ou par le désir d'un confortable excessif ! Mais que le prix des places n'effraye jamais le touriste qui consacre à la plus pure des jouissances, à la distraction la plus salutaire pour l'esprit et pour le corps, aux voyages en un mot, les économies d'une modeste aisance !

Nous n'arriverions pas au produit total de 1,175,000 francs indiqué par M. Dupuis, mais à celui de 8 à 900,000 francs.

Combien coûterait la ligne du Faucigny, comme construction et exploitation ?

C'est fort difficile à établir ; nous ne voulons pas, en présence d'appréciations contradictoires, d'évaluations dissemblables et séparées par une grande distance, fixer un chiffre.

Je me suis contenté de démontrer que les dépenses nécessitées par l'établissement d'un chemin de fer à voie étroite étaient d'un tiers inférieures à celles qu'entraînerait le chemin de fer à voie large.

Je sais qu'il faudra calculer non-seulement l'intérêt du capital employé, mais l'amortissement du capital; que les premières années sont, pour une entreprise de ce genre, les plus pénibles, les plus dangereuses; qu'aussi nous devrons seconder par tous les moyens possibles les efforts de la Compagnie qui obtiendra la concession; il nous faudra faire probablement des sacrifices, mais ils nous coûteront peu, soutenus que nous serons par l'amour de notre pays et le désir de lui être utile.

RÉSULTATS DU CHEMIN DE FER

Est-il besoin maintenant, mon cher compatriote, d'insister longuement sur les avantages inappréciables qui résulteront de l'établissement du chemin de fer? Evidemment non; mais on pourrait craindre peut-être que le chemin de fer ne soit la ruine de certaines industries? par exemple, des voituriers, entrepreneurs de transports, etc., etc.

Cette crainte n'a aucun fondement : je vous ai

dit qu'on calculait depuis longtemps, et d'une manière exacte, le nombre des chevaux et même des piétons qui circulent sur les routes : Eh bien ! ce chiffre de transit agricole et commercial est resté *le même* dans toute la France, depuis douze ans, malgré le développement des chemins de fer qui s'établissent de tous côtés, bien qu'ils aient tout d'abord absorbé une partie notable du trafic.

L'exploitation d'un chemin de fer facilite d'une façon si merveilleuse le développement du commerce et de l'industrie, que les routes elles-mêmes en profitent ; il y a d'ailleurs partout un rendement agricole qui échappe par sa nature même à la voie ferrée, et dont les routes bénéficieront toujours. On s'adressera tant qu'on pourra au chemin de fer, qui offre au commerçant le double avantage de la rapidité et de l'économie ; le tonnage, qui coûte sur une route en moyenne 30 centimes par tonne et par kilomètre, est abaissé à 10 centimes ; *mais les routes n'en souffriront pas*, l'expérience le démontre.

Qu'est-ce qu'un chemin de fer ? se demande M. l'ingénieur Level que j'ai déjà cité ; et il donne une définition excellente (1) :

« C'est une machine créée pour surmonter

---

(1) *De la Construction et de l'Exploitation des Chemins de fer d'intérêt local*, par M. Emile Level, ingénieur, directeur de Compagnies de chemins de fer.

« un obstacle d'une nature particulière; cet
« obstacle qui s'oppose aux échanges rapides,
« aux relations fréquentes, qui éloigne le pro-
« ducteur du consommateur, sépare les peuples
« et les nations, c'est la distance. »

J'ajouterai que le développement successif des
chemins de fer est, pour une nation, l'indice le
plus sûr de sa prospérité et le gage assuré de sa
prépondérance.

La France, malgré ses malheurs, saura, grâce
au concours de tous, reprendre le premier rang
parmi les autres Etats de l'Europe; il y a en
France actuellement 15,000 kilomètres de chemins de fer en exploitation, et 5,000 kilomètres
concédés et prochainement construits; la France
comprendra que c'est surtout par l'établissement
de nombreux chemins de fer d'intérêt local,
comme celui du Faucigny, de peu d'étendue,
mais d'un rendement certain, qu'elle affirmera
le degré de civilisation et de progrès auquel nous
sommes arrivés.

Ce n'est pas ici le lieu de démontrer à ceux
qui les connaissent déjà les immenses avantages
de relier à un point central toutes les forces
d'une nation, de faire voir la vie s'échappant,
comme dans le mécanisme humain, de toutes les
artères pour affluer au cœur, et donner ensuite
force et vigueur à tous les membres; mais, à
un point de vue plus restreint et non moins

intéressant, qui peut dire les conséquences d'une création semblable à travers nos montagnes jusqu'ici déshéritées?

Le Faucigny n'a jamais été sérieusement exploré, et j'ai entendu souvent de savants géologues appeler de leurs vœux le jour où la facilité des communications leur permettrait de fouiller le sol et d'en faire sortir les richesses qu'il renferme. Tout doit nous faire espérer que, lorsque les besoins de l'industrie le réclameront impérieusement, l'Etat et l'initiative privée lutteront d'efforts, rivaliseront de zèle, pour découvrir, dans la terre où ils sont enfouis, de véritables trésors. Les mines les plus riches, nos montagnes les recèlent peut-être; et qui sait si bientôt le bruit de la pioche ne remplacera pas celui de la hache abattant les géants de nos vieilles forêts? Et bientôt le mineur, prenant la place du bûcheron, ne nous donnera-t-il pas du plomb, du fer ou de la houille, en échange de nos majestueux sapins?

Mais, sans parler des industries nouvelles, quelle impulsion féconde recevront celles qui sont actuellement en exercice!

« L'industrie concentrée dans un seul canton « horloger, dit M. Dupuis, s'étendra sur tout « l'arrondissement; l'exploitation des mines de « houilles d'Arâches et des Houches, des mines « de cuivre de Servoz, des carrières d'ardoise,

« de jaspe, de grès, de gypse, de pierres pro-
« pres à la fabrication de la chaux hydrauli-
« que, deviendra facile et lucrative... »

Tout le commerce du pays, ou du moins presque tous ses produits, vont à Genève : les bois
de construction, les pierres de tuf, de molasse,
les céréales, les bestiaux, le lait, le beurre, sans
oublier les fraises et les framboises de montagnes, si appréciées des étrangers, tout se dirige
sur cette ville, qui, par son industrie, est destinée à devenir l'une des plus riches du monde.

Désormais, place aux petits capitaux, place
au petit commerce! Loin de nous, sans doute, le
luxe qui tue; place à l'aisance qui fait vivre! Nous
nous plaignons, nous autres Savoyards, de voir
l'étranger méconnaître les beautés de la Savoie,
et quand nous parcourons nos riches vallées,
nos admirables montagnes, nous nous deman-
dons pourquoi il préfère à nos sites ceux d'un
pays voisin. C'est que l'accès de chaque ville, je
dirai même de chaque village est rendu facile
au touriste, c'est qu'à chaque pas il rencontre de
confortables hôtels, où il vient en passant semer
quelques pièces d'or qu'il ne regrette point; nous
aussi, nous aurons nos touristes, comme la Suisse,
et l'étranger pourra, à son retour dans ses foyers,
vanter l'hospitalité de nos montagnards; il sera
heureux d'avoir augmenté notre aisance en aug-
mentant ses plaisirs.

J'ai parlé de l'honnêteté proverbiale et des vertus des habitants de la Savoie, et pour rien au monde je ne voudrais leur voir perdre ce trésor mille fois précieux ; aussi, à ceux qui penseraient que l'immoralité suit de près l'établissement d'un chemin de fer, je répondrais, avec M. Dupuis : « Ce qui perd le cultivateur, ce qui augmente d'une façon effrayante le désordre moral, ce qui facilite le développement des idées de destruction et de bouleversement social qui se répandent partout, c'est l'expatriation. » Le paysan quitte le sol qui l'a vu naître, parce que ses journées ne sont pas assez payées, parce qu'il n'est pas assez rétribué ; il va au loin chercher la richesse, et ne trouve le plus souvent que la misère et la maladie. Quand il revient, il est presque toujours plus pauvre qu'au départ, aigri, découragé ; s'il est dans une meilleure situation de fortune, ce qui arrive bien rarement, il a perdu les mœurs simples, les habitudes religieuses, qui font de l'humble paysan le modèle et la joie du foyer, le citoyen dévoué à sa patrie, le chrétien fidèle à son Dieu et au culte de ses pères.

Retenu chez lui par un salaire plus rémunérateur, il n'ira plus perdre au loin sa moralité, sa santé et sa vertu ; il préférera l'air pur de nos montagnes aux miasmes de l'usine et de l'atelier ; les douces conversations de la famille,

les réunions à l'église du village, aux propos in-
sensés des clubs et des cercles.

Mais ce n'est pas tout : même au point de vue
de la grande famille politique, l'union s'établit
entre les diverses contrées d'un même pays, les
distances s'effacent, bien des préjugés dispa-
raissent, les forces se décuplent par le concours
des mêmes intérêts.

Il est un vœu que je me permets d'exprimer,
si nous voulons retirer du chemin de fer du
Faucigny tous les avantages que nous pouvons
nous promettre : souhaitons que la Compagnie
qui se chargera de l'entreprise ne soit pas une
grande Compagnie comme celle de Paris à Lyon,
ou celle des chemins de fer suisses ; l'avenir n'est
pas là, il est aux petites Compagnies, surtout si
elles sont formées avec les petits capitaux du
pays, par les propriétaires intéressés à leur
succès et à leur développement.

« Les habitants, cultivateurs, propriétaires et
« commerçants, sont d'autant plus disposés à
« souscrire le capital, dit M. l'ingénieur Berge-
« ron (1), que les administrateurs ou promoteurs
« du projet sont au milieu d'eux, honorablement
« connus d'eux, que leur position sociale est une
« garantie, faite pour leur inspirer confiance

---

(1) Rapport de M. l'ingénieur Bergeron au Ministre des
des travaux publics, du 5 février 1862, sur les chemins de fer
d'Ecosse.

« dans la bonne direction d'une affaire patron-
« née par eux ; ils peuvent suivre sur les lieux
« les développements de l'opération et savoir
« exactement comment leur argent est dépensé. »

Dans son *Traité de l'exploitation des chemins
de fer*, M. Jacqmin, directeur de la Compagnie
des chemins de fer de l'Est, examine cette question ; il se demande comment doivent être admi-
nistrées les lignes d'intérêt local, et voici comment il s'exprime à cet égard :

« Les lignes secondaires pourront donner,
« dans un certain nombre de cas, outre le paye-
« ment des dépenses de l'exploitation, une ré-
« munération du capital engagé, mais à la con-
« dition de n'être point englobées dans les ré-
« seaux des grandes Compagnies et de rester la
« propriété de Sociétés particulières tout à fait
« indépendantes.

« Malgré les difficultés que présente une ex-
« ploitation morcelée, notre conviction est qu'une
« petite Société, n'ayant avec les Compagnies que
« des conventions pour la gare de bifurcation et
« pour l'échange du matériel roulant, pourra
« tirer de l'exploitation d'un chemin de fer d'in-
« térêt local un rendement supérieur à celui que
« la Compagnie de l'Est retire des lignes vici-
« nales de l'Alsace, et cela pour une seule rai-
« son : l'Etat et le public seront moins exigeants.

« D'une part, une petite Compagnie n'aura pas

« à transporter gratuitement la poste, les gen-
« darmes, les agents des télégraphes, des con-
« tributions indirectes ; elle n'accordera pas de
« réduction pour les transports militaires, pour
« le matériel des finances et de la guerre,
« toutes réserves faites par l'Etat à son profit,
« qui représentent des sommes considérables.
« En second lieu, le public comprendra que le
« nombre des trains doit être réduit aux plus
« stricts besoins, et qu'il n'est pas possible d'exi-
« ger pour les dimanches et les jours de fête un
« matériel inutilisé dans la semaine..... Enfin,
« les localités traversées admettront qu'une So-
« ciété constituée avec les capitaux du pays
« conserve des taxes kilométriques élevées, tan-
« dis qu'elles les refusent à une grande Compa-
« gnie qu'elles ne connaissent point, et dont
« elles exagèrent toujours la richesse et la puis-
« sance (1). »

A ces considérations si justes et si pratiques,
tombées de la plume d'un ingénieur éminent dont
l'autorité en pareille matière est indiscutable, il
convient d'ajouter que les petites Compagnies ne
rencontrent pas les mêmes difficultés que les
grandes, dans l'acquisition des terrains sur lesquels s'établit le chemin de fer ; elles n'ont pas
à craindre les inconvénients qu'une Commission,

---

(1) M. l'ingénieur Jacqmin, directeur des chemins de fer de
l'Est, *Traité de l'exploitation des chemins de fer.*

instituée en 1861 par le Ministre des travaux publics, signalait en ces termes : « Par le chiffre « excessif des sommes allouées aux propriétaires, l'expropriation est devenue l'écueil de « la construction des voies ferrées. »

L'expropriation, là est, en effet, la dépense la plus considérable de toutes celles que nécessite la construction d'une voie ferrée; or, qu'arrive-t-il?

Les grandes Compagnies se trouvent en présence de désirs immodérés, de prétentions souvent ridicules, de la part des propriétaires expropriés; on désire le chemin de fer, on l'appelle de tous ses vœux; nul effort, nulle démarche ne coûtent pour faire passer dans sa commune la ligne dont on espère profiter. Puis, quand l'expropriation est prononcée, on produit des demandes absurdes et exagérées; on voudrait se faire payer son terrain trois ou quatre fois ce qu'il vaut. Hélas! la nature humaine, avec sa soif de l'or, se retrouve partout.

Le cultivateur se voit presque toujours en face d'une grande Compagnie dont, comme le dit fort bien M. Jacqmin, on exagère la richesse et la puissance.

Mais si, au contraire, nous supposons — ce qui aura lieu pour le chemin de fer du Faucigny — une petite Compagnie, formée en grande partie grâce aux capitaux du pays, chacun des propriétaires intéressé à la réussite du chemin de fer, connaît parfaitement la valeur de la propriété de son voisin, et ne permettra pas que des prétentions exorbitantes se fassent jour.

Notre intérêt devra, je vous l'ai déjà dit, se confondre avec celui de la Compagnie qui entreprendra l'affaire; nous devrons la soutenir, l'encourager; nous bénéficierons de ses bénéfices; l'argent que nous lui confierons produira un intérêt plus élevé, et les tarifs du transport seront progressivement abaissés. Le profit de tous sera le gain de chacun.

Il faudrait, pour donner à la Société formée à l'aide de nos capitaux plus de facilités pour s'établir, que nous pussions mettre à exécution une idée que je vous soumets; vous me direz ce que vous en pensez.

On solliciterait de chacun des propriétaires dont les terrains se trouveront sur le tracé une déclaration par laquelle il s'engagerait à céder à la Compagnie l'espace de terrain qui lui serait nécessaire, moyennant une somme modérée, à fixer d'un commun accord, ou à faire évaluer soit par des experts, soit par le jury, mais qui ne serait pas payée en argent comptant; la Compagnie aurait la faculté de se libérer en donnant comme payement du terrain exproprié des actions ou des fractions d'action, au pair de l'émission ;

Assurément ce serait beaucoup moins onéreux

pour la Compagnie; mais nous profiterions tous de cet avantage concédé par quelques-uns dans un intérêt général; n'oublions pas, comme le dit quelque part un ingénieur célèbre : « que « l'utilité d'une voie nouvelle se mesure aux « sacrifices que s'imposent les intéressés. »

Je n'ai plus à ajouter qu'un vœu, à exprimer qu'un désir, c'est que la Compagnie qui se chargera de l'entreprise apporte tous ses soins à la construction des wagons de 3ᵉ classe, qui seront généralement ceux que prendront les habitants du pays; il y a, dans l'établissement d'un chemin de fer, mille petits détails qui ont pour le succès de la société une importance très grande que trop souvent on néglige, et c'est assez parfois pour que les populations laborieuses évitent le chemin de fer, s'en éloignent et ne s'en servent qu'à de très rares intervalles.

Je vous ai dit, mon cher compatriote et ami, toute ma pensée; entrant dans les détails de la question, je crois n'en avoir négligé aucun, et vous avoir mis à même de répondre aux objections qui viendraient se produire contre le chemin de fer du Faucigny et contre son tracé normal.

Je vous ai démontré, je l'espère :

Que ce chemin de fer est nécessaire et facile à établir;

Qu'il faut le construire d'une façon écono-
mique, à voie étroite;

Je vous ai dit quel doit être son tracé;

J'ai calculé son produit probable;

J'ai examiné avec vous ses résultats;

Je le répète en terminant, j'ai écrit pour rem-
plir un devoir : quel en sera le résultat? Je l'i-
gnore. Ce que je puis affirmer, c'est que toutes
mes forces et tout mon dévouement sont acquis
à cette œuvre, comme à toutes les entreprises
qui auront pour but d'augmenter la part de
bien-être des habitants du Faucigny.

Je suis, mon cher compatriote et ami, de loin
comme de près,

Votre très dévoué,

Georges CHAULIN-MERCIER.

Chounaz-Saint-Jeoire, août 1874.

Paris. — Imp. Nouv. (assoc. ouv.), 14, rue des Jeûneurs. — G. Masquin et C°